VENTE

DU

Mardi 6 Avril

1897

HOTEL DROUOT

SALLE Nº II

Aquarelles

ET

Dessins

PAR

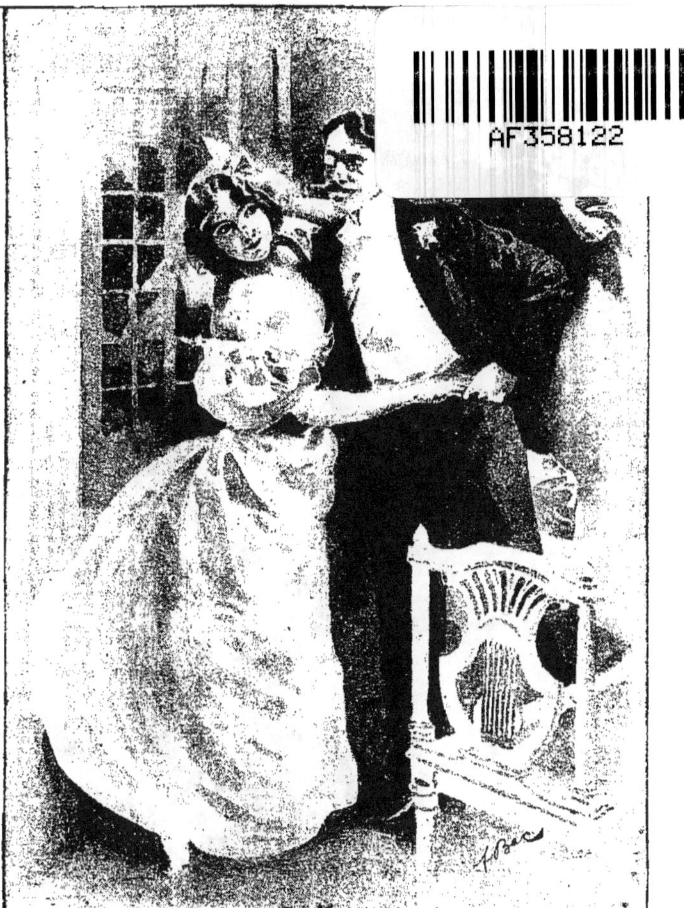

Ferdinand Bac

Mᵉ **GEORGES BOULLAND**, Commissaire-Priseur.
MM. J. CHAINE et SIMONSON, Experts.

Paris 1897

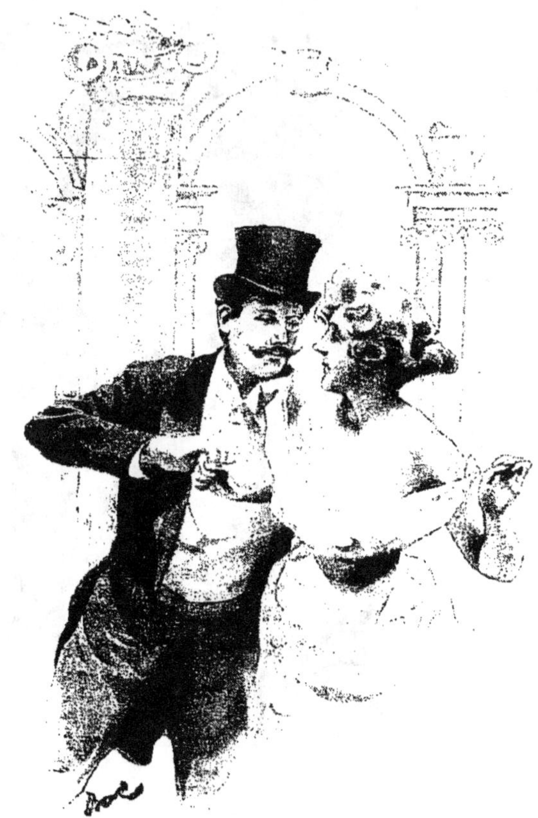

CATALOGUE

DES

AQUARELLES & DESSINS

PAR

Ferdinand Bac

DONT LA VENTE AURA LIEU

HOTEL DROUOT (Salle n° 11)

Le Mardi 6 Avril 1897

A 2 HEURES

Mᵉ GEORGES BOULLAND, Commissaire-Priseur

26, Rue des Petits-Champs

MM. J. CHAINE et SIMONSON, Experts

19, rue Caumartin

EXPOSITION PUBLIQUE

LE LUNDI 5 AVRIL 1897

De 1 h. 1/2 à 5 h. 1/2

CONDITIONS DE LA VENTE

La Vente sera faite au comptant.

Les Acquéreurs paieront CINQ POUR CENT en sus des adjudications.

DÉSIGNATION

1. En Scène pour le 3.

2. Abus de confiance.

3. La Robe de douleur.

4. Pour le Roy et pour la République.

5. Le Style c'est l'Homme.

6. Les Sociétaires au château.

7. Lever de rideau.

8. Le Coup de la dépêche.

9. La Fin sans phrases.

10. L'Assurance contre l'incendie.

11. Le Bracelet de Julie.

12. Confiserie.

13. Une Cour.

14. Chronique de l'Œil-de-Bœuf.

15. Résultat complet des courses.

16. Collaboration.

17. Les Modesties.

18. Petites Causes Grands Effets.

19. Drame noir.

20. Gage d'amour.

21. Corruption de fonctionnaires.

22. Le Devoir du soldat.

23. Les Retrousseurs de grand chemin.

24. Demande en séparation.

25. Coucher de soleil.

26. Association de malfaiteurs.

27. Comédie de paravent.

28. Les Fausses Joies.

29. Les Résignés.

30. L'Éternel Partage.

31. Métempsycose.

32. Les Mots malheureux.

33. Spécimen rare.

34. La Dame au coussin.

35. Les Pudeurs.

36. La Débâcle.

37. Stratagème.

38. Monsieur monte.

39. L'Enfant prodigue.

40. Pincée.

41. La Bonne Lecture.

42. Valet de cœur.

43. Madrigal.

44. L'Impôt sur les célibataires.

45. Musique de chambre.

46. Surmenage.

47. Les Manœuvres.

48. Les Victimes du devoir.

49. Temps d'orage.

50. Au Bonheur des dames.

51. Prix Montyon.

52. Occasion unique.

53. Susceptible.

54. Soirée tiède.

55. Site enchanteur.

56. Les Menestrels.

57. Fiançailles.

58. Conversation de crépuscule.

59. Dégénérescence.

60. Rendez-vous d'amour.

61. Fâcheuse aventure.

62. L'Honnête Idéal.

63. L'Antichambre.

64. Condoléances sincères.

65. Solitude.

66. Après déjeuner.

67. Emploi d'ingénue.

68. La Valse.

69. Billet de logement.

70. Bicyclistes.

71. Le Garçon de recettes.

72. Le Spahis.

73. Le Poète.

74. L'Eternuement.

75. Crise de nerfs.

76. Le Mari de cirque.

77. Dames du monde.

78. La Lettre du pays.

79. Trouble Fête.

80. L'Amateur.

81. Le Prétexte.

82. Entre mari et femme.

83. Sous une porte cochère.

84. Aux Courses.

85. Ménage de peintre.

86. Une Visite.

87. Flagrant délit.

88. Bonne Nuit.

89. La Chemise.

90. Dans les coulisses.

91. La Dame à la pèlerine.

92. Conversation matinale.

93. La Jardinière.

94. La Harpiste.

95. Le Soulier de bal.

96. Le Bal.

97. Flirt.

98. Le Sommeil.

99. Retour de bal.

100. L'Album.

101. Danseuse antique.

102. La Bottine.

103. A l'Opéra.

104. La Chute des feuilles.

105. Bal à l'Opéra.

106. La Voleuse.

107. Le Petit Cadeau.

108. Qui est là ?

109. Chez la lingère.

110. La Toilette.

111. Cabinet particulier.

112. Chasseresse.

113. Au quartier latin.

114. Éventail.

115. L'heure du goûter.

116. La Pastelliste.

117. La Sortie du théâtre.

118. Bataille de confettis.

119. Grave détermination.

120. La Servante.

121. Le Courrier de Madame.

122. Le Coucher.

123. Au Foyer de la danse.

124. Le Rêve.

125. Devant le feu.

126. L'Éventail.

127. La Soupeuse.

128. Les Remords.

129. La Sieste.

130. Les Illusions.

131. Graves Préoccupations.

132. Le Premier Rendez-Vous.

133. Le Noctambule.

134. Jeune Femme se coiffant.

135. Manœuvres d'automne.

136. Toilette de bain, à la mer.

137. Au foyer de la danse.

Paris. — Typ. Chamerot et Renouard. — 34861